Universo dos Livros Editora Ltda.
Rua do Bosque, 1589 – Bloco 2 – Conj. 603/606
CEP 01136-001 – Barra Funda – São Paulo/SP
Telefone/Fax: (11) 3392-3336
www.universodoslivros.com.br
e-mail: editor@universodoslivros.com.br
Siga-nos no Twitter: @univdoslivros

O Pequeno livro de colorir do Príncipe

São Paulo
2015

UNIVERSO DOS LIVROS

Copyright © **2015 by Universo dos Livros**
Todos os direitos reservados e protegidos pela Lei 9.610 de 19/02/1998.
Nenhuma parte deste livro, sem autorização prévia por escrito da editora,
poderá ser reproduzida ou transmitida sejam quais forem os meios empregados:
eletrônicos, mecânicos, fotográficos, gravação ou quaisquer outros.

Diretor editorial: **Luis Matos**
Editora-chefe: **Marcia Batista**
Assistentes editoriais: **Aline Graça, Letícia Nakamura e Rodolfo Santana**
Arte: **Francine C. Silva e Valdinei Gomes**
Capa: **Francine C. Silva**
Ilustrações: **Maxx Figueiredo**

Páginas 6-7, 26-29, 40-41, 42-45, 47-49, 50-51, 54, 58-61, 64-67
por shutterstock.com

Páginas 5-25, 28-36, 38-39, 48-49, 52, 55-59, 62-63, 68
por Maxx Figueiredo

Livro de colorir inspirado na famosa obra *O Pequeno Príncipe*,
do autor Antoine de Saint-Exupéry

Dados Internacionais de Catalogação na Publicação (CIP)
Angélica Ilacqua CRB-8/7057

F491p

Figueiredo, Maxx

O Pequeno livro de colorir do Príncipe: arteterapia para combater o estresse e estimular a imaginação / ilustrações de Maxx Figueiredo. — São Paulo: Universo dos Livros, 2015.

72 p.: il.

ISBN: 978-85-7930-867-3

1. Livros para colorir 2. Arte e criação 3. Passatempo e atividades antiestresse I. Saint-Exupéry, Antoine, 1900-1944 II. Título

15-0585   CDD 741.642

Este livro pertence a

ENZO AFONSO

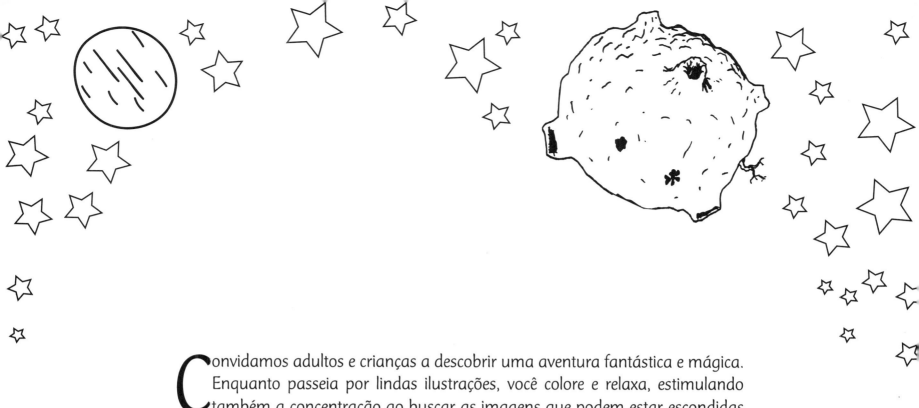

Convidamos adultos e crianças a descobrir uma aventura fantástica e mágica. Enquanto passeia por lindas ilustrações, você colore e relaxa, estimulando também a concentração ao buscar as imagens que podem estar escondidas em qualquer página. Deixamos também espaços em branco para você expressar seus sentimentos criando os próprios versos ou copiando citações de autores que marcaram sua vida.

Use giz de cera, lápis de cor, canetas coloridas e o que mais lhe agradar. Solte a imaginação! Apenas não recomendamos o uso de caneta hidrográfica, pois a tinta pode vazar para o verso da página.

E então? Preparado para começar?

Marcia Batista
Editora-chefe

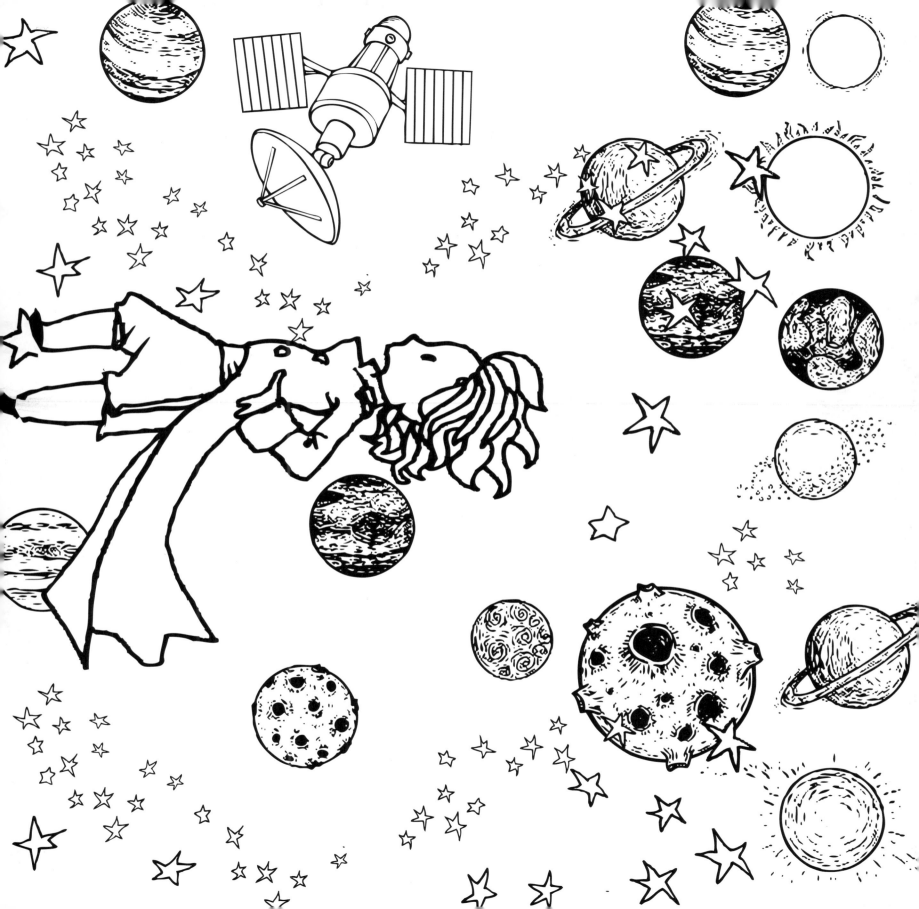

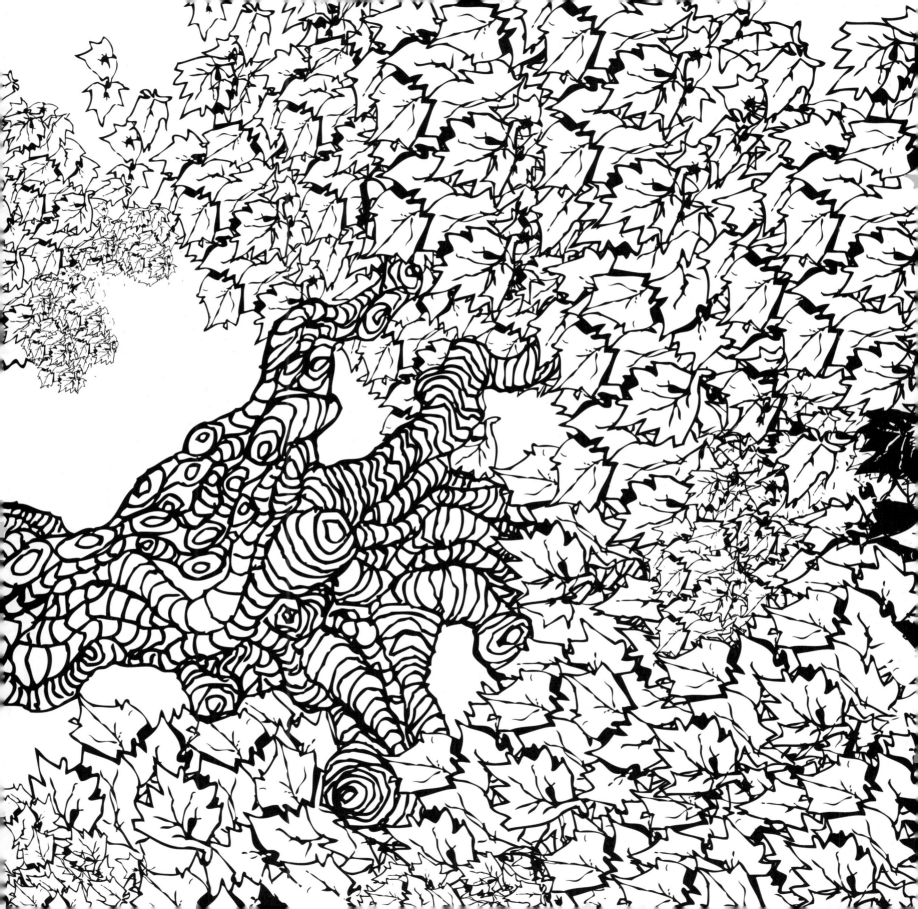

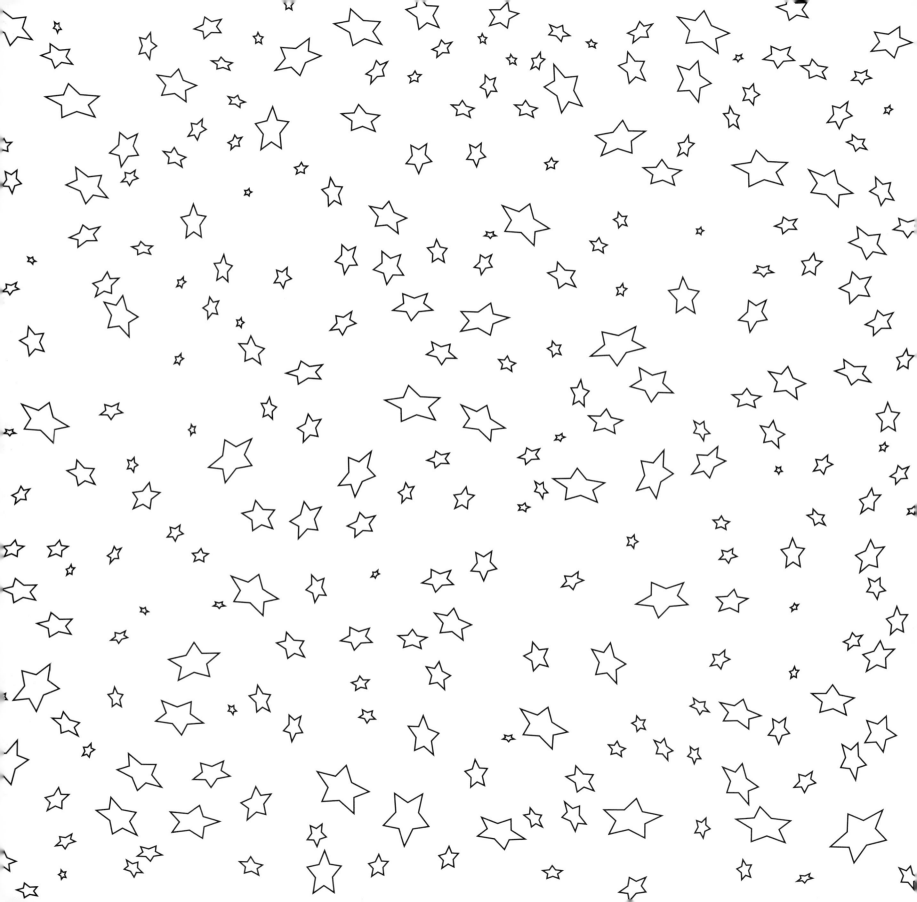

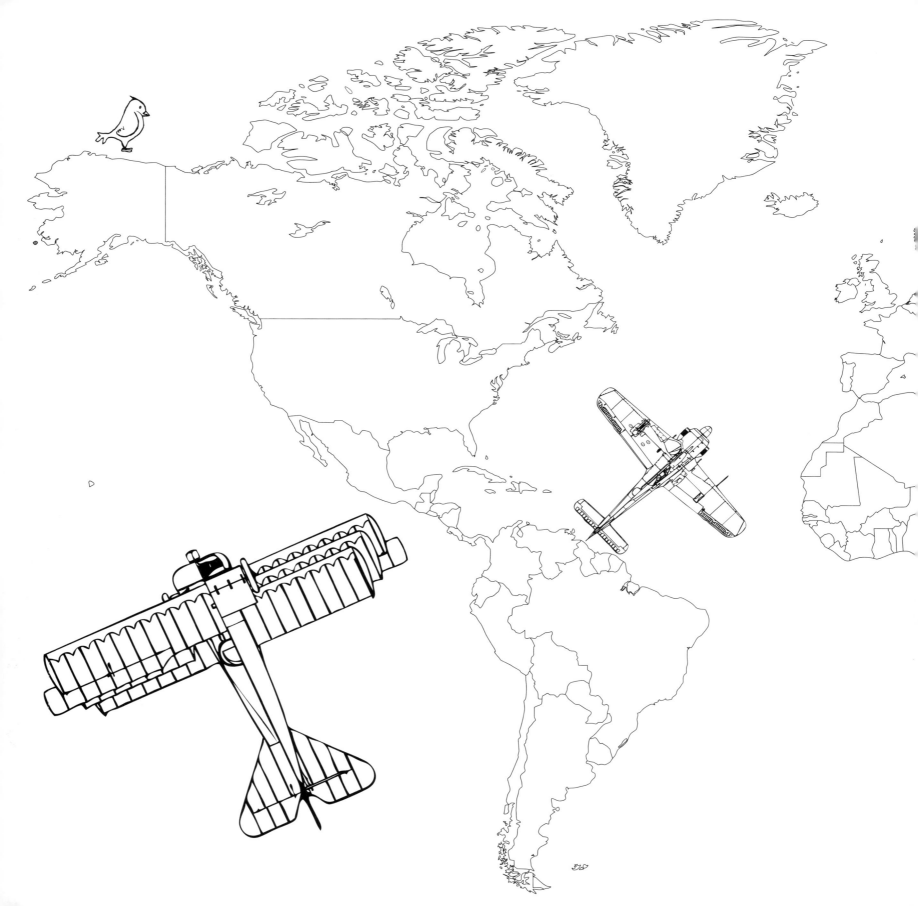

"
....
....
....
....
....
....
"

"

....

....

....

....

....

....

"

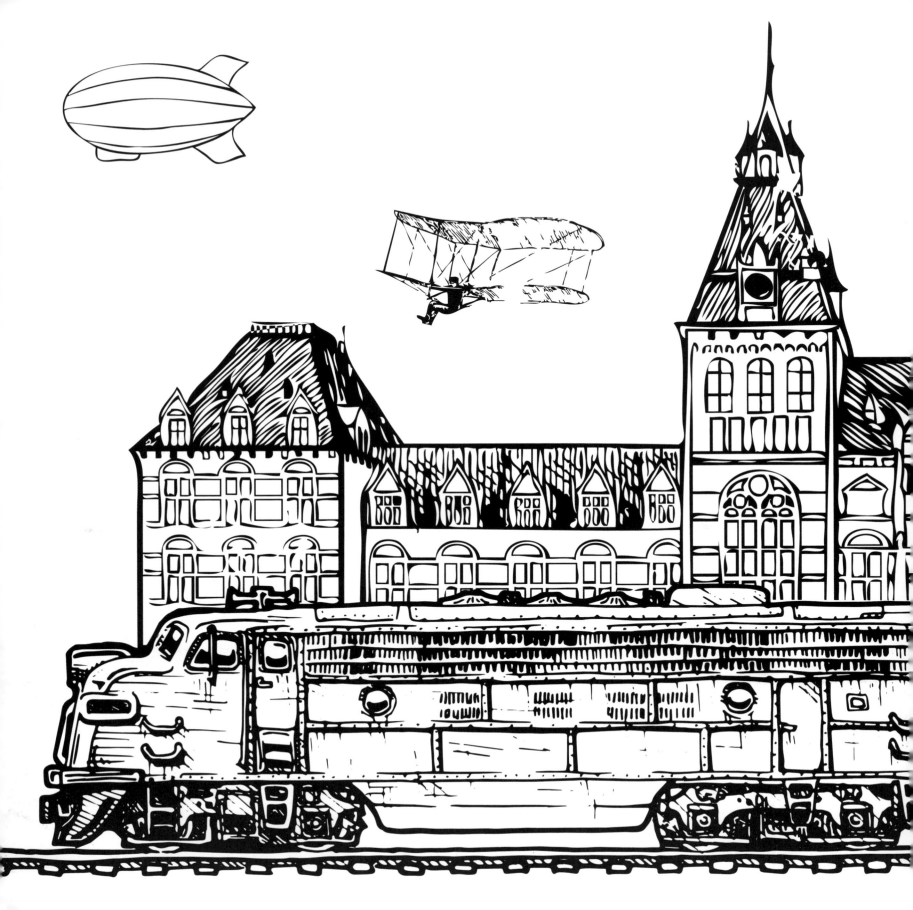

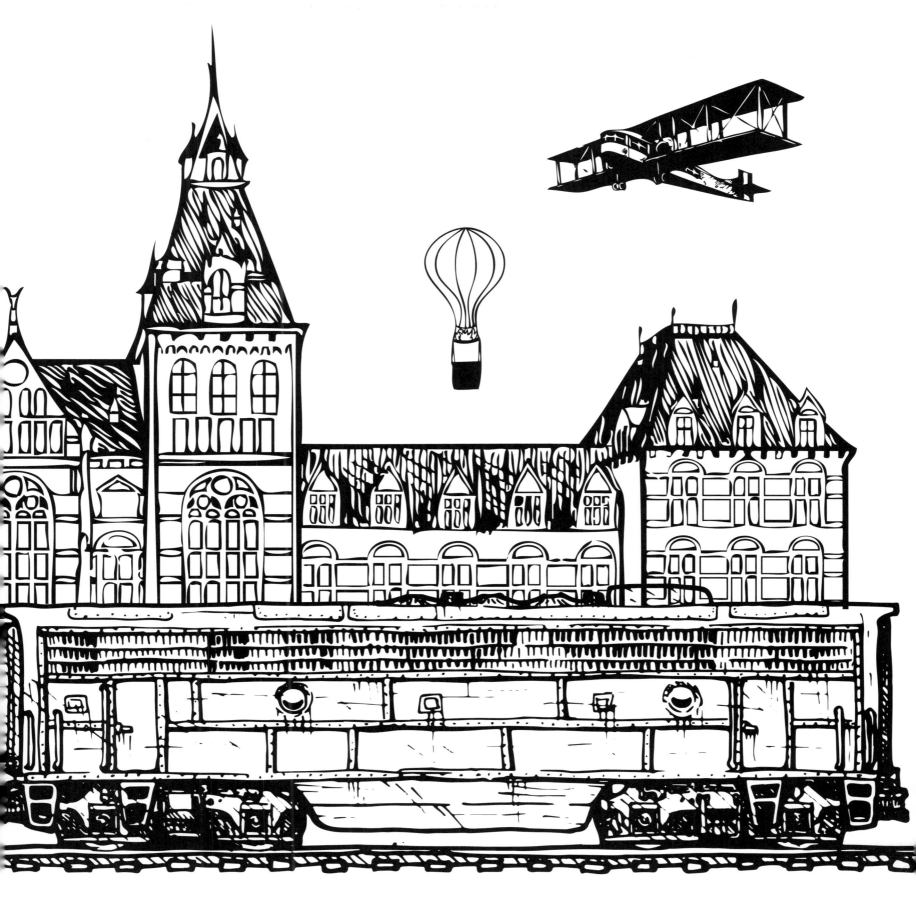

"

....

....

....

....

....

....

"

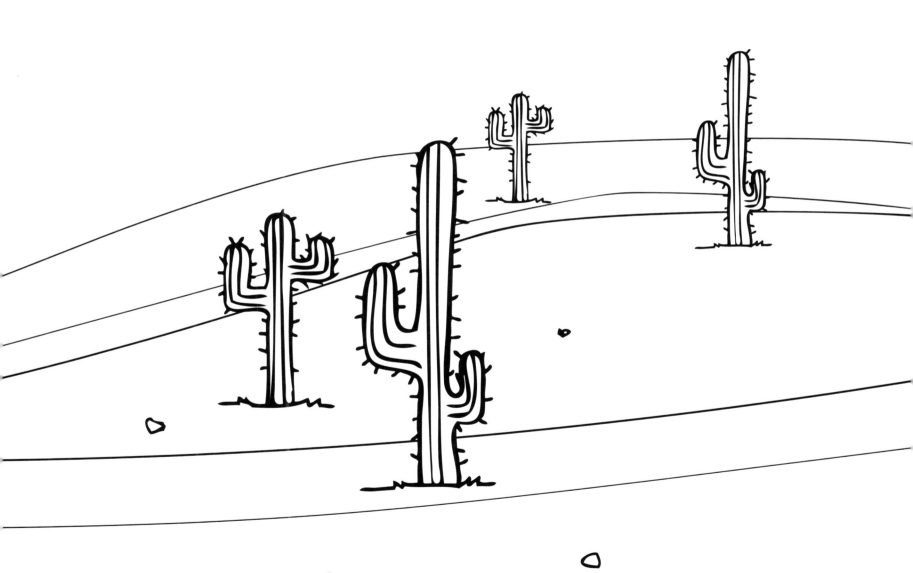

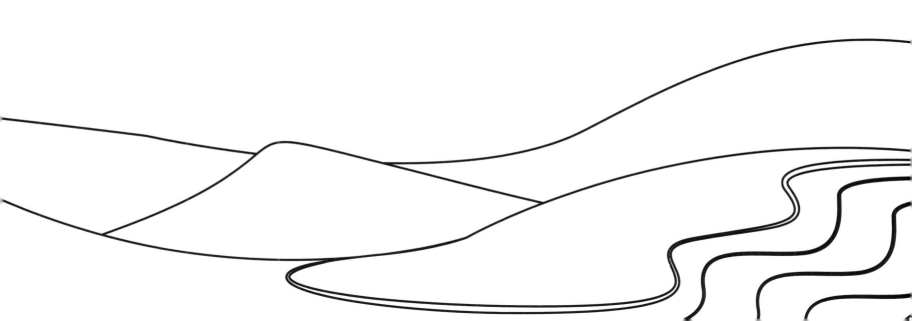

Soluções dos elementos escondidos

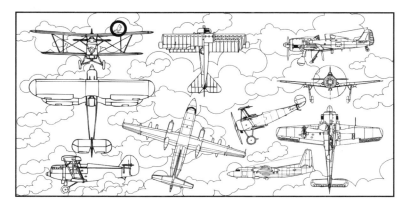

1 pássaro

1 margarida e 1 pássaro

1 chave

1 borboleta

1 calculadora

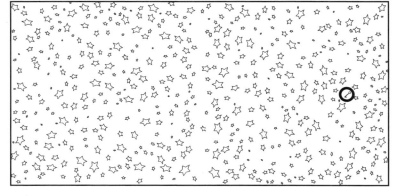

1 chave

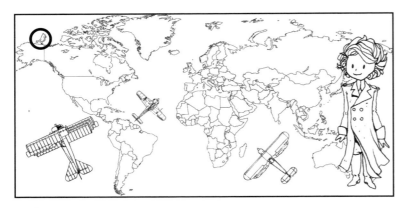
1 pássaro

1 coração duplo

1 coração duplo

1 cachecol e 1 chave

1 coração duplo

1 cachecol e 1 calculadora

1 coração duplo

1 margarida

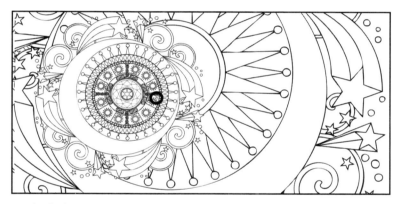
1 calculadora

1 borboleta

1 borboleta

Este livro foi composto na fonte ClubTypeMercurius
e impresso em papel *Offset* 120g/m² na Assahi.